くもんの小学ドリル

がんばり3・4年生
学習記ろく表

名前

1	2	3	4

JN051728

8

9　10　11　12　13　14　15　16

17　18　19　20　21　22　23　24

25　26　27　28　29　30　31　32

33　34　35　36　37　38　39　40

41　42　43　44　45　46　47　48

49　50　51　52　53

あなたは
「くもんの小学ドリル　英語　3・4年生はじめてのアルファベット」を、
さいごまでやりとげました。
すばらしいです！
これからもがんばってください。

1さつぜんぶ終わったら、
ここに大きなシールを
はりましょう。

アルファベット表 / A・B・C・D

🔊 1 〈50点〉

1 アルファベットは26文字あり，
それぞれに大文字と小文字があります。
大文字を指さしながら，〈アルファベットの歌〉を聞きましょう。

A	B	C	D	E	F	G
H	I	J	K	L	M	N
O	P	Q	R	S	T	U
V	W	X	Y	Z		

● このドリルでは，アルファベットを書く練習がしやすいように，4本の
線（四線）□□□□□が引いてあります。四線を参考にしながら，バラ
ンスの良い文字を書きましょう。

● アルファベットの書き順には，正式な決まりはありません。このドリル
では，書きやすさなどを考えて書き順をしめしていますが，この通りの
書き順でなくてもかまいません。

2 A～Dを練習しましょう。 〈全部書いて30点〉
(1) 音声を聞いて，まねして言いましょう。
(2) 声に出して言ってから書きましょう。（うすい字はなぞりましょう。）

A　A　A

B　B　B

C　C　C

D　D　D

3 音声を聞いて，聞こえた順に，1・2・3・4を（　）に書きましょう。 🔊
〈20点〉

A（　　）・B（　　）・C（　　）・D（　　）

🔊 3

1 E〜Hを練習しましょう。
〈全部書いて30点〉

(1) 音声を聞いて，まねして言いましょう。

(2) 声に出して言ってから書きましょう。

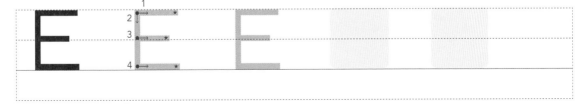

／ ↓E² と書いてもいいよ。 ＼

／ ↓F² と書いてもいいよ。 ＼

／ Gのように2画目を下に曲げる書き方もあるよ。 ＼

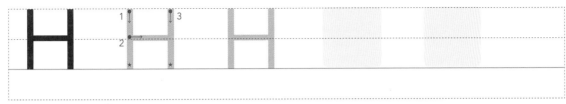

／ ↓H³ と書いてもいいよ。 ＼

2 音声を聞いて，聞こえた順に，1・2・3・4を（　）に書きましょう。🔊
〈20点〉

E（　）・F（　）・G（　）・H（　）

❸ I〜L を練習しましょう。 〈全部書いて30点〉

(1) 音声を聞いて，まねして言いましょう。

(2) 声に出して言ってから書きましょう。

/ ↓I² と書いてもいいよ。\

/ ↓K² と書いてもいいよ。\

❹ 音声を聞いて，聞こえた順に，1・2・3・4を（ ）に書きましょう。

〈20点〉

I（　　）・J（　　）・K（　　）・L（　　）

月　日　　時　分〜　時　分

name

点

5

〈全部書いて30点〉

1 M〜Pを練習しましょう。

(1) 音声を聞いて，まねして言いましょう。

(2) 声に出して言ってから書きましょう。

╱ ↓③④M↓②と書いてもいいよ。 ╲

╱ ↓①N↓②と書いてもいいよ。 ╲

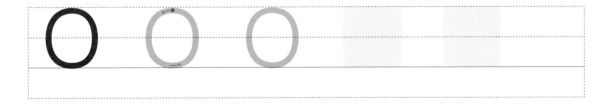

2 音声を聞いて，聞こえた順に，1・2・3・4を（　）に書きましょう。

〈20点〉

M（　　）・N（　　）・O（　　）・P（　　）

©くもん出版

3 Q〜T を練習しましょう。 〈全部書いて30点〉
(1) 音声を聞いて，まねして言いましょう。
(2) 声に出して言ってから書きましょう。

/ ❶Q❷ と書いてもいいよ。\

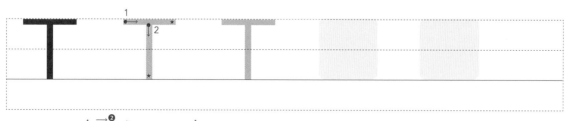

/ T❷❶ と書いてもいいよ。\

4 音声を聞いて，聞こえた順に，1・2・3・4を（ ）に書きましょう。
〈20点〉

Q（　　）・R（　　）・S（　　）・T（　　）

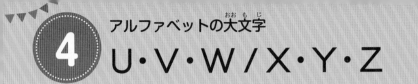

4 アルファベットの大文字
U・V・W / X・Y・Z

月 日　時 分〜 時 分

name

点

🔊 7

〈全部書いて30点〉

1 U〜W を練習しましょう。
(1) 音声を聞いて，まねして言いましょう。
(2) 声に出して言ってから書きましょう。

／ ₁V₂ と書いてもいいよ。＼

／ ₁②③W₄ と書いてもいいよ。＼

2 音声を聞いて，聞こえた順に，1・2・3を（　）に書きましょう。

🔊

〈20点〉

U（　　）・V（　　）・W（　　）

3 X～Zを練習しましょう。　〈全部書いて30点〉
(1) 音声を聞いて，まねして言いましょう。
(2) 声に出して言ってから書きましょう。

4 音声を聞いて，聞こえた順に，1・2・3を（ ）に書きましょう。

〈20点〉

X（　　）・Y（　　）・Z（　　）

　★ Zは，2と区別がつくようにまっすぐな線で書こう！

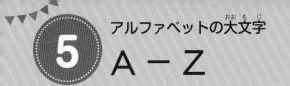
1 1文字ずつ，順に声に出して言いながらなぞりましょう。

〈全部書いて30点〉

A B C D E F G

H I J K L M N

O P Q R S T U

V W X Y Z

🔊 9
〈20点〉

2 アルファベットの歌を聞きましょう！
アルファベットの歌には，いくつかのバージョンがあります。
ここでは**1**で聞いたものと，G，P，V，Zの4つが「韻をふむ（＝同じ音で終わる）」ものの2つのバージョンで聞いてみましょう。

3 大文字の A～Z を練習しましょう。

〈全部書いて50点〉

(1) 音声といっしょに言いましょう。

(2) 1文字ずつ, 声に出して言ってから書きましょう。

A B C D E F G

A

H I J K L M N

O P Q R S T U

V W X Y Z

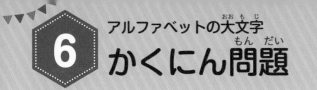

月 日　時 分〜 時 分
name
点

1 大文字26文字を，A から順に線でつなぎましょう。　〈25点〉

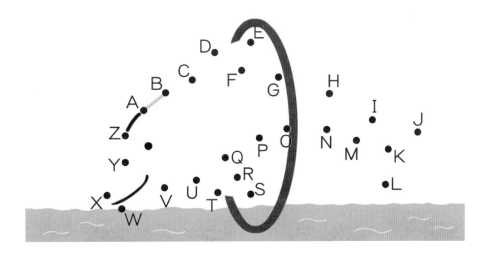

2 次のアルファベットを順番にならべかえましょう。　〈各5点〉

C A D B　➡　A _____

– E F G H I J K L

M P O N　➡　M _____

– Q R S T U

Y W Z V X　➡　V _____

©くもん出版

3 音声を聞いて，聞こえた音にあうアルファベットを
から選んで書きましょう。

〈各5点〉

B Q H D K N I M

(1)   (2)   (3)   (4)

(5)   (6)   (7)   (8)

4 音声を聞いて，聞こえた順に，
アルファベットの大文字を線でつなぎましょう。

〈20点〉

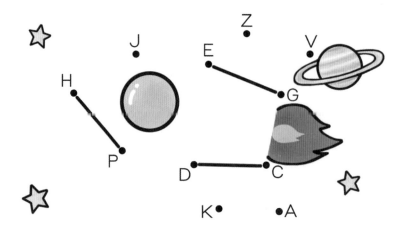

🔊 13
〈50点〉

1 アルファベットには，大文字だけでなく小文字もあります。
小文字を指さしながら，〈アルファベットの歌〉を聞きましょう。

a	b	c	d	e	f	g
h	i	j	k	l	m	n
o	p	q	r	s	t	u
v	w	x	y	z		

● 小文字は文字の高さがちがうので，注意しましょう。次のように，小文字の高さには「1階建て」「2階建て」「地下1階建て」の3種類があります。

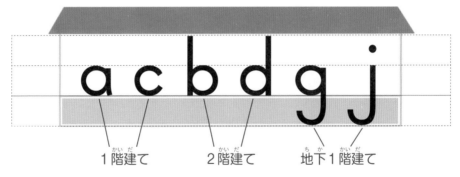

1階建て　　2階建て　　地下1階建て

©くもん出版

2 a〜d を練習しましょう。 〈全部書いて30点〉

(1) 音声を聞いて，まねして言いましょう。

(2) 声に出して言ってから書きましょう。

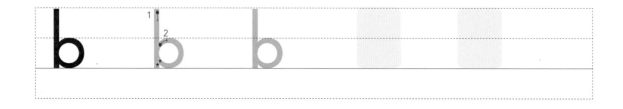

3 音声を聞いて，聞こえた順に，1・2・3・4を（　）に書きましょう。

〈20点〉

a（　　）・b（　　）・c（　　）・d（　　）

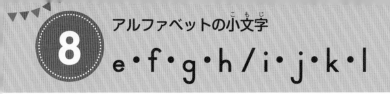

月 日　時 分〜 時 分

name

点

 15
〈全部書いて30点〉

1 e〜h を練習しましょう。
(1) 音声を聞いて，まねして言いましょう。
(2) 声に出して言ってから書きましょう。

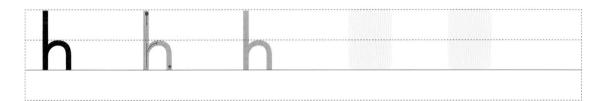

2 音声を聞いて，聞こえた順に，1・2・3・4を（ ）に書きましょう。
〈20点〉

e（ 　 ）・f（ 　 ）・g（ 　 ）・h（ 　 ）

★ g は地下1階建て，h は2階建てだよ！

Ⓒくもん出版

3 i～l を練習しましょう。〈全部書いて30点〉

(1) 音声を聞いて，まねして言いましょう。

(2) 声に出して言ってから書きましょう。

4 音声を聞いて，聞こえた順に，1・2・3・4を（ ）に書きましょう。

〈20点〉

i（　　）・j（　　）・k（　　）・l（　　）

 ★ i，j の上の点をわすれずに書こう！

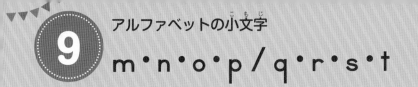

9

m・n・o・p / q・r・s・t

月 日　時 分〜 時 分　name　点

 17
〈全部書いて30点〉

1 m〜pを練習しましょう。

(1) 音声を聞いて，まねして言いましょう。

(2) 声に出して言ってから書きましょう。

2 音声を聞いて，聞こえた順に，1・2・3・4を（ ）に書きましょう。
〈20点〉

m（　）・n（　）・o（　）・p（　）

3 q〜tを練習しましょう。
(1) 音声を聞いて，まねして言いましょう。
(2) 声に出して言ってから書きましょう。

╱ ❷q❶ と書いてもいいよ。 ╲

╱ ❷↓t❶ と書いてもいいよ。 ╲

4 音声を聞いて，聞こえた順に，1・2・3・4を（　）に書きましょう。 🔊
〈20点〉

q（　　）・r（　　）・s（　　）・t（　　）

　★ pとqの向きに注意して書こう！

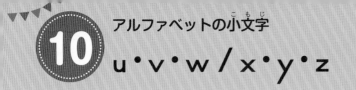

10 アルファベットの小文字
u・v・w / x・y・z

月　日　時　分〜　時　分

name

点

1 u〜w を練習しましょう。
　(1)　音声を聞いて，まねして言いましょう。
　(2)　声に出して言ってから書きましょう。

19
〈全部書いて30点〉

/ $\overset{①}{V}\overset{②}{V}$ と書いてもいいよ。\

/ $\overset{②③}{W}\overset{}{W}$ と書いてもいいよ。\

2 音声を聞いて，聞こえた順に，１・２・３を（　）に書きましょう。

〈20点〉

u（　　）・v（　　）・w（　　）

3 x〜z を練習しましょう。

〈全部書いて30点〉

(1) 音声を聞いて，まねして言いましょう。

(2) 声に出して言ってから書きましょう。

4 音声を聞いて，聞こえた順に，1・2・3を（　）に書きましょう。

〈20点〉

x （　　）・y （　　）・z （　　）

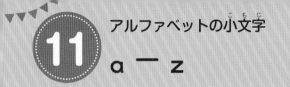
月 日　時 分～ 時 分
name
点

1 1文字ずつ，順に声に出して言いながらなぞりましょう。　〈全部書いて50点〉

 ★ 文字の高さに注意しながら練習しよう！

©くもん出版

2 小文字の a〜z を練習しましょう。

(1) 音声といっしょに言いましょう。

(2) 1文字ずつ，声に出して言ってから書きましょう。

 22

〈全部書いて50点〉

a b c d e f g

a

h i j k l m n

o p q r s t u

v w x y z

月　日　｜　時　分〜　時　分

name

点

1 小文字26文字を，aから順に線でつなぎましょう。　〈25点〉

2 次のアルファベットを順番にならべかえましょう。　〈各5点〉

a b c d

g h e f ➡ e _____

－ i j k l m n

p o r q ➡ o _____

－ s t u v

x w z y ➡ w _____

3 音声を聞いて，聞こえた音にあうアルファベットを
　　　から選んで書きましょう。 〈各5点〉

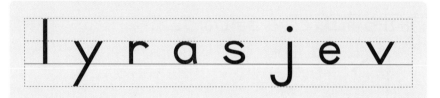

l y r a s j e v

(1)　　　　　(2)　　　　　(3)　　　　　(4)

(5)　　　　　(6)　　　　　(7)　　　　　(8)

4 音声を聞いて，聞こえた順に，
　　アルファベットの小文字を線でつなぎましょう。 〈20点〉

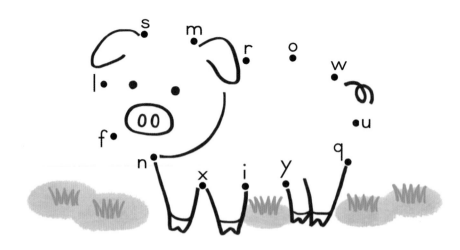

13 アルファベット
にた形の文字①

月 日　　時 分〜 時 分

name

点

🔊 25

〈全部書いて50点〉

1 各組の大文字を，形のちがいに注意して，
声に出して言ってから書きましょう。

C C C

G G G

E E E

F F F

O O O

Q Q Q

★ Qは〇とのちがいがわかりやすいように，
Qの部分をはっきりと書こう！

©くもん出版

2 各組の大文字を，形のちがいに注意して，声に出して言ってから書きましょう。

P P P

R R R

S S S

Z Z Z

U U U

V V V

 ★ S・U はまるみのある形，Z・V は直線的な形だね！

アルファベット
にた形の文字②

🔊 27

〈全部書いて50点〉

1 各組の小文字を，形のちがいに注意して，
声に出して言ってから書きましょう。

b　b　b

d　d　d

a　a　a

d　d　d

d　d　d

g　g　g

★ bとdは，向きのちがいに注意しよう！

2 各組の小文字を，形のちがいに注意して，
声に出して言ってから書きましょう。

〈全部書いて50点〉

h h h

n n n

p p p

q q q

m m m

w w w

 ★ h は2階建て，n は1階建てだよ。文字の高さに注意しよう！

大文字と小文字①

🔊 29

1 形が同じ大文字と小文字を，大きさのちがいに
注意しながら書きましょう。　〈全部書いて50点〉

C c　C c　C c

O o　O o　O o

S s　S s　S s

V v　V v　V v

W w　W w　W w

X x　X x　X x

Z z　Z z　Z z

©くもん出版

2 形がにている大文字と小文字を,
大きさのちがいに注意しながら書きましょう。

月 日　時 分〜 時 分

name

点

🔊 31

〈全部書いて50点〉

1 形のにていない大文字と小文字を,
形のちがいに注意しながら書きましょう。

A a Aa Aa

B b Bb Bb

D d Dd Dd

E e Ee Ee

F f Ff Ff

G g Gg Gg

 ★ 形のちがい, 文字の高さのちがいに気をつけよう!

©くもん出版

2 各組の大文字と小文字を，
形のちがいに注意しながら書きましょう。

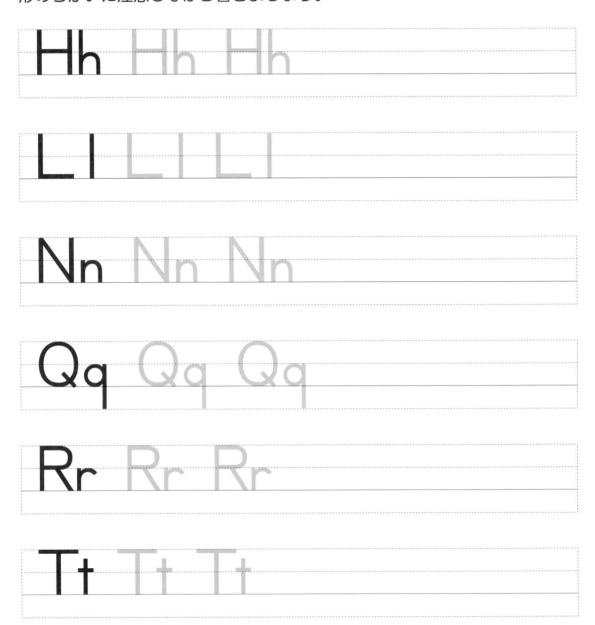

★ 大文字と小文字がにているアルファベットと，
にていないアルファベットがあるんだね！

月 日　時 分〜 時 分

name

点

1 小文字の上に大文字を書きましょう。　〈全部書いて40点〉

A B

a b c d e f g h i

j k l m n o p q r

s t u v w x y z

2 小文字と大文字を線で結びましょう。 〈各30点〉

(1)

e •————————
m •
a •
n •
h •

• A
• M
• N
• H
• E

(2)

t •
k •
b •
d •
f •

• K
• D
• T
• F
• B

月日　時　分〜　時　分

name

点

1 大文字の下に小文字を書きましょう。　〈全部書いて40点〉

A B C D E F G H I

a

J K L M N O P Q R

S T U V W X Y Z

(1)

G ・ ・ u

R ・ ・ g

U ・ ・ v

Y ・ ・ r

V ・ ・ y

(2)

J ・ ・ q

L ・ ・ j

Q ・ ・ p

P ・ ・ i

I ・ ・ l

1 次の絵の A から，大文字→小文字（A → a → B → b → C → c…）の順に線でつなぎましょう。〈40点〉

©くもん出版

2 次の大文字を小文字に書きかえましょう。 〈各10点〉

① WPFO ➡

② SYMX ➡

③ INGJB ➡

3 次の小文字を大文字に書きかえましょう。 〈各10点〉

① k v t c ➡

② u z a h ➡

③ d l q e r ➡

20 aのつく単語／bのつく単語

月 日　時 分〜 時 分

name

点

🔊 39

〈全部書いて50点〉

1 aの音に気をつけて，①〜④まで音声を聞きましょう。
そのあと，声に出して言ってから書きましょう。

① apple りんご

apple　apple　pple

② ant あり

ant　ant　nt

③ actor はいゆう

actor　actor　ctor

④ apron エプロン

apron　apron　pron

---

aの〈発音〉
①〜③は日本語の「ア」とはちがい，「エ」を言うときのように，口を横に開いて「ア」と言うよ。
④はアルファベットの名前（Aa［エイ］）と同じ音だね。

©くもん出版

2 bの音_{おと}に気_きをつけて，①〜④まで音声_{おんせい}を聞_ききましょう。
そのあと，声_{こえ}に出_だして言_いってから書_かきましょう。

① bag  バッグ

② bad  悪_{わる}い

③ bed  ベッド

④ baker パン屋_や

baker　baker　ker

bの〈発音_{はつおん}〉
「ば・び・ぶ・べ・ぼ」の出_でだしの音_{おと}に近_{ちか}い音_{おと}だよ。
とじたくちびるを急_{きゅう}に開_{ひら}きながら強_{つよ}く声_{こえ}を出_だすよ。
アルファベットの名前_{なまえ}（Bb[ビー]）とはちがう音_{おと}だね。
他_{ほか}のアルファベットも，名前_{なまえ}と音_{おと}はちがうものが多_{おお}いよ。

月 日	時 分〜 時 分
name	
	点

🔊 41
〈全部書いて50点〉

1 cの音に気をつけて，①〜④まで音声を聞きましょう。
そのあと，声に出して言ってから書きましょう。

① cat ねこ

cat　cat　　at

② camera カメラ

camera　camera　　mer

③ coin コイン

coin　coin　　oin

④ city 都市

city　city　　ity

C の〈発音〉……主に2つあります。
①②③は，「か・き・く・け・こ」の出だしの音に近い音だよ。舌のおくのほうを上あごにつけて，急に息を出すよ。
④は，「さ・し・す・せ・そ」の出だしの音に近い音だよ。

©くもん出版

2 dの音に気をつけて，①〜④まで音声を聞きましょう。
そのあと，声に出して言ってから書きましょう。

〈全部書いて50点〉

① dance  ダンス

dance　dance　ance

② day 日，一日

day　day　y

③ dog 犬

dog　dog　og

④ donut ドーナツ

donut　donut　onut

dの〈発音〉

「だ・で・ど」の出だしの音に近い音だよ。
舌の先を上の歯ぐきにつけて，急にはなしながら声を出すよ。

月 日　時 分〜 時 分

name

点

1 e の音に気をつけて，①〜③まで音声を聞きましょう。
そのあと，声に出して言ってから書きましょう。

① egg  たまご

egg　　egg　　gg

② end 終わり

end　　end　　nd

③ beef 牛肉

beef　　beef　　b　　f

e の〈発音〉……主に2つあります。
①②は，日本語の「え」よりも少し口を横に開いて，はっきり「え」と声を出すよ。
③は，くちびるを左右に引いて，はっきり「いー」と言うよ。

©くもん出版

2 ｆの音に気をつけて，①〜③まで音声を聞きましょう。
そのあと，声に出して言ってから書きましょう。

① fan うちわ

② face 顔

③ fire 火

fire　fire　ir

ｆの〈発音〉
上の歯で下くちびるを軽くかみ，すき間から息を「ふっ」と出すよ。
日本語にはない音だよ。

23 gのつく単語／hのつく単語

月 日　時 分〜 時 分

name

点

1 gの音に気をつけて，①〜④まで音声を聞きましょう。
そのあと，声に出して言ってから書きましょう。

🔊 45

〈全部書いて50点〉

① garden 庭

garden garden arden

② game ゲーム

game game me

③ go 行く

go go o

④ orange オレンジ

orange orange or n

---

gの〈発音〉……主に2つあります。

①②③は，「が・ぎ・ぐ・げ・ご」の出だしの音に近い音だよ。舌のおくのほうを上あごにつけて，急に声を出すよ。

④は，「ち」の出だしの音をにごらせた音に近いよ。舌の前のほうを上の歯ぐきにつけ，はなしながら声を出すよ。

©くもん出版

2 hの音に気をつけて，①〜③まで音声を聞きましょう。
そのあと，声に出して言ってから書きましょう。

〈全部書いて50点〉

① hat  （ふちのある）ぼうし

hat　hat　at

② hand 手

hand　hand　an

③ head 頭

head　head　ad

---

hの〈発音〉
「は・へ・ほ」の出だしの音に近い音だよ。
のどのおくのほうから息を出すようにして発音するよ。

月 日 　 時 分〜 時 分

name

点

47
〈各5点〉

1 音声を聞いて，聞こえた順に（　　）に番号を書きましょう。
単語の初めの音に注意しましょう。

1 cat　　2 donut　　3 apple　　4 hat

（　　　）➡（　　　）➡（　　　）➡（　　　）

2 音声を聞いて，聞こえた単語と同じ音で始まる単語を
　　で囲みましょう。

〈各10点〉

①
dog
bag

②
ant
egg

③
face
hand

④
fire
baker

47

©くもん出版

3 音声を聞いて，聞こえた単語を完成させましょう。 〈各5点〉
　　 から選びます。

① a・b
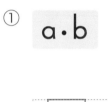
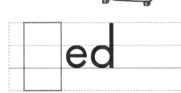
☐ed

② f・h

☐ead

③ c・e

☐oin

④ g・d

☐ame

4 音声を聞いて，聞こえた単語を完成させましょう。 〈各5点〉
　　 a・b・e・h のどれかを選びます。

① ☐pron

② ☐ad

③ ☐and

④ b☐ef

🔊 49
〈全部書いて50点〉

1 i の音に気をつけて，①〜③まで音声を聞きましょう。
そのあと，声に出して言ってから書きましょう。

① ink  インク

ink　ink　 nk

② hit 打つ

hit　hit　 t

③ bike 自転車

bike　bike　b k

i の〈発音〉……主に2つあります。
①②は，日本語で「え」と言うときの口の形で，「い」という音を出すよ。
③は，アルファベットの時と同じように，口をやや大きく開いて「あ」と言ったあと，軽く「い」をそえるよ。

2 jの音に気をつけて，①〜③まで音声を聞きましょう。
そのあと，声に出して言ってから書きましょう。

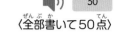

① jam  ジャム

② jet  ジェット機

③ juice  ジュース

jの〈発音〉
「ち」の出だしの音をにごらせた音に近いよ。
舌の前のほうを上の歯ぐきにつけ，はなしながら声を出すよ。

月 日	時 分〜 時 分
name	
	点

🔊 51
〈全部書いて50点〉

1 k の音に気をつけて，①〜③まで音声を聞きましょう。
そのあと，声に出して言ってから書きましょう。

① koala コアラ

koala　koala　oala

② key 🔑 かぎ

key　key　y

③ book 本

book　book　oo

👄 **k の〈発音〉**
「か・き・く・け・こ」の出だしの音に近い音だよ。
舌のおくのほうを上あごにつけて，急に息を出すよ。

51

©くもん出版

2 lの音に気をつけて，①〜③まで音声を聞きましょう。
そのあと，声に出して言ってから書きましょう。

〈全部書いて50点〉

① letter  手紙

letter　letter　etter

② leg あし（足首から上）

leg　leg　e

③ lion ライオン

lion　lion　on

lの〈発音〉
舌の先を上の歯ぐきにつけたまま，舌の両側から声を出すよ。
日本語の「ら・り・る・れ・ろ」とはちがう苦よ。

27 mのつく単語／nのつく単語

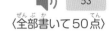
53
〈全部書いて50点〉

1 mの音に気をつけて，①〜③まで音声を聞きましょう。
そのあと，声に出して言ってから書きましょう。

① map  地図

map　map　ap

② melon  メロン

melon　melon　on

③ milk  牛乳

milk　milk　il

mの〈発音〉
「ま・み・む・め・も」の出だしの音に近い音だよ。
くちびるをとじたまま，鼻を通して発音するよ。

©くもん出版

2 nの音_{おと}に気_きをつけて，①～③まで音声_{おんせい}を聞_ききましょう。
そのあと，声_{こえ}に出_だして言_いってから書_かきましょう。

〈全部書_{ぜんぶか}いて50点_{てん}〉

① net 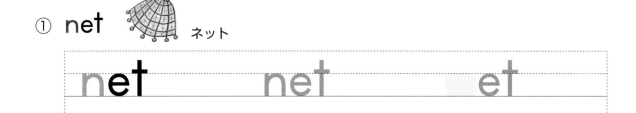 ネット

net　　net　　　net

② no  いいえ

no　　no　　　no

③ can  かん

can　　can　　　can

nの〈発音_{はつおん}〉
「な・に・ぬ・ね・の」の出_でだしの音_{おとちかおと}に近い音だよ。
口_{くち}をとじずに舌_{した}の先_{さき}を上_{うえ}の歯_はぐきにつけたまま，鼻_{はな}を通_{とお}して発音_{はつおん}するよ。

 55
〈全部書いて50点〉

1 oの音に気をつけて，①〜③まで音声を聞きましょう。
そのあと，声に出して言ってから書きましょう。

① ox  雄牛

ox　　　ox　　　x

② hot 暑い

hot　　hot　　t

③ rose  ばら

rose　　rose　　r s

---

 oの〈発音〉……主に2つあります。
①②は，口をたてに大きく開いて，口のおくのほうで「あ」と言うよ。日本語の「あ」とも「お」ともちがう音だよ。
③は，くちびるを丸めて強く「お」と言ったあと，軽く「う」をそえるよ。

©くもん出版

2 p の音_{おと}に気_きをつけて，①～③まで音声_{おんせい}を聞_ききましょう。
そのあと，声_{こえ}に出_だして言_いってから書_かきましょう。

〈全部書_{ぜんぶか}いて50点_{てん}〉

① panda  パンダ

panda　panda　anda

② pig  ぶた

pig　pig　i

③ cap  (ふちのない) ぼうし

cap　cap　a

 p の〈発音_{はつおん}〉
「ぱ・ぴ・ぷ・ぺ・ぽ」の出_でだしの音_{おと}に近_{ちか}い音_{おと}だよ。
とじたくちびるを，急_{きゅう}に開_{ひら}きながら強_{つよ}く息_{いき}を出_だすよ。

29 かくにん問題 (i-p)

月 日 　時 分〜 時 分

name

点

1 音声を聞いて，聞こえた順に（　　）に番号を書きましょう。
単語の初めの音に注意しましょう。

57
〈各5点〉

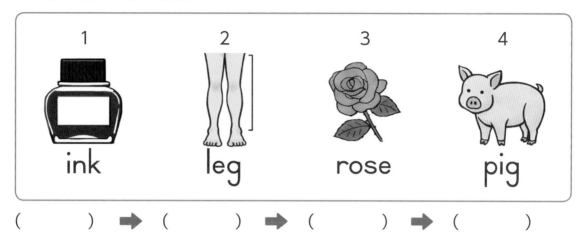

1	2	3	4
ink	leg	rose	pig

（　　　）➡（　　　）➡（　　　）➡（　　　）

2 音声を聞いて，聞こえた単語と同じ音で始まる単語を
◯で囲みましょう。

〈各10点〉

①

jet

panda

②
milk

bike

③

koala

lion

④

no

ox

©くもん出版

③ 音声を聞いて，聞こえた単語を完成させましょう。
　　　　　から選びます。

① j･n

 □am

② p･k

boo□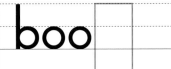

③ l･p

□etter

④ i･o

h□t

④ 音声を聞いて，聞こえた単語を完成させましょう。
　　j･m･n･p のどれかから選びます。

〈各5点〉

① □uice

② ca□

③ □ap

④ ca□

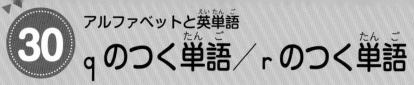

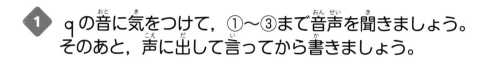

1　q の音に気をつけて，①〜③まで音声を聞きましょう。
　そのあと，声に出して言ってから書きましょう。

🔊 59
〈全部書いて50点〉

① queen 女王

queen　　queen　　ueen

② quiz クイズ

quiz　　quiz　　u z

③ quick すばやい

quick　　quick　　u c

q の〈発音〉
q の音は k と同じだよ。
q の後の u は，w の音（P.65）で発音するので，qu は k と w を続けて言うよ。

©くもん出版

60

〈全部書いて50点〉

2 rの音に気をつけて，①～③まで音声を聞きましょう。
そのあと，声に出して言ってから書きましょう。

① rabbit うさぎ

rabbit　　rabbit　　abbit

② red 赤

red　　red　　d

③ river 川

river　　river　　ve

rの〈発音〉
舌の先を上あごにつかないように後ろに丸めて，そのすき間から声を出すよ。
日本語の「ら・り・る・れ・ろ」とはちがう音だよ。

©くもん出版

60

月 日　時 分〜 時 分

name

点

🔊 61
〈全部書いて50点〉

1 s の音に気をつけて，①〜④まで音声を聞きましょう。
そのあと，声に出して言ってから書きましょう。

① salad サラダ

s alad　salad　alad

② see 見る

see　see　e

③ six 6

six　six　x

④ nose 鼻

nose　nose　o e

---

s の〈発音〉……主に2つあります。
①②③は，「さ・し・す・せ・そ」の出だしの音に近い音だよ。舌の先を上の前歯のうらに近づけて，すき間から息を出すよ。
④は，「ざ・じ・ず・ぜ・ぞ」の出だしの音に近いよ。舌の先を上の前歯のうらに近づけて，すき間から声を出すよ。

©くもん出版

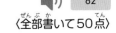

2 tの音^{おと}に気^きをつけて，①〜③まで音声^{おんせい}を聞^ききましょう。
そのあと，声^{こえ}に出^だして言^いってから書^かきましょう。

〈全部^{ぜんぶ}書^かいて50点^{てん}〉

① taxi  タクシー

taxi　　taxi　　axi

② top 頂上^{ちょうじょう}

top　　top　　o

③ test テスト

test　　test　　es

tの〈発音^{はつおん}〉

「た・て・と」の出^でだしの音^{おと}に近^{ちか}いよ。
舌^{した}の先^{さき}を上^{うえ}の歯^はぐきにつけて，急^{きゅう}にはなしながら息^{いき}を出^だすよ。

月 日　時 分〜 時 分

name

点

🔊 63
〈全部書いて50点〉

1 uの音に気をつけて、①〜③まで音声を聞きましょう。
そのあと、声に出して言ってから書きましょう。

① up  上へ

up　　up　　p

② bus 🚌 バス

bus　　bus　　b

③ cute 🧸 かわいい

cute　　cute　　c　e

 uの〈発音〉……主に2つあります。
①②は、口を小さく開けて、口のおくのほうで「あ」と言うよ。口を大きく開け
すぎないようにしよう。
③は、くちびるを丸めて、つき出すようにして「ゆー」と強く言うよ。

2 vの音に気をつけて，①〜③まで音声を聞きましょう。
そのあと，声に出して言ってから書きましょう。

〈全部書いて50点〉

① voice 声

voice　　voice　　　oice

② violin バイオリン

violin　　violin　　　io　i

③ drive  運転する

drive　　drive　　d　　e

Vの〈発音〉
上の歯で下くちびるを軽くかんで，そのすき間から「ぶっ」と音を出すよ。
日本語にはない音だよ。

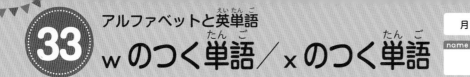

33 w のつく単語／x のつく単語

🔊 65
〈全部書いて50点〉

1 w の音に気をつけて，①～③まで音声を聞きましょう。
そのあと，声に出して言ってから書きましょう。

① web  くもの巣

web　web　eb

② wind 風

wind　wind　ind

③ wood  木材

wood　wood　ood

W の〈発音〉
日本語の「う」に近い音だよ。
口をすぼめてつき出し，一気にゆるめるようにして声を出すよ。

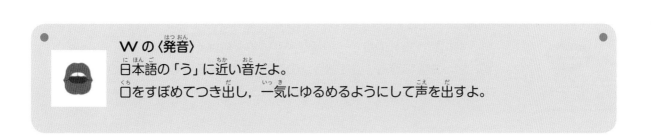

©くもん出版

2 xの音に気をつけて，①～④まで音声を聞きましょう。
そのあと，声に出して言ってから書きましょう。　〈全部書いて50点〉

① box 箱

box　　box　　bo

② fox きつね

fox　　fox　　o

③ taxi タクシー

taxi　　taxi　　a　i

④ exit 出口

exit　　exit　　e　i

xの〈発音〉……主に2つあります。
①②③は，前に習ったkの音とsの音を，すばやく続けて言うよ。
④は，前に習ったgの音と，後で習うzの音をすばやく続けて，「グズ」と言うよ。

y のつく単語／z のつく単語

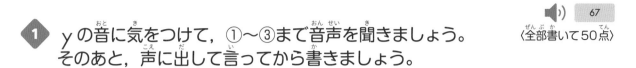

月 日　時 分〜 時 分

name

点

🔊 67

1 y の音に気をつけて，①〜③まで音声を聞きましょう。
そのあと，声に出して言ってから書きましょう。

〈全部書いて50点〉

① yard 庭

yard　yard　ard

② year 年

year　year　ea

③ yen 円

yen　yen　e

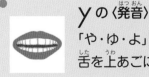

y の〈発音〉
「や・ゆ・よ」の出だしの音に近い音だよ。
舌を上あごに近づけて，そのすき間から声を出すよ。

©くもん出版

2 zの音<ruby>音<rt>おと</rt></ruby>に<ruby>気<rt>き</rt></ruby>をつけて，①～③まで<ruby>音声<rt>おんせい</rt></ruby>を<ruby>聞<rt>き</rt></ruby>きましょう。
そのあと，<ruby>声<rt>こえ</rt></ruby>に<ruby>出<rt>だ</rt></ruby>して<ruby>言<rt>い</rt></ruby>ってから<ruby>書<rt>か</rt></ruby>きましょう。

〈<ruby>全部<rt>ぜんぶ</rt></ruby><ruby>書<rt>か</rt></ruby>いて50<ruby>点<rt>てん</rt></ruby>〉

① zoo   <ruby>動物園<rt>どうぶつえん</rt></ruby>

zoo   zoo   oo

② zebra しまうま

zebra   zebra   eb

③ quiz クイズ

quiz   quiz   ui

Zの〈<ruby>発音<rt>はつおん</rt></ruby>〉

「ざ・じ・ず・ぜ・ぞ」の<ruby>出<rt>で</rt></ruby>だしの<ruby>音<rt>おと</rt></ruby>に<ruby>近<rt>ちか</rt></ruby>いよ。
<ruby>舌<rt>した</rt></ruby>の<ruby>先<rt>さき</rt></ruby>を<ruby>上<rt>うえ</rt></ruby>の<ruby>前歯<rt>まえば</rt></ruby>のうらに<ruby>近<rt>ちか</rt></ruby>づけて，すき<ruby>間<rt>ま</rt></ruby>から<ruby>声<rt>こえ</rt></ruby>を<ruby>出<rt>だ</rt></ruby>すよ。

1 音声を聞いて，聞こえた順に（　　）に番号を書きましょう。
単語の初めの音に注意しましょう。

〈各5点〉

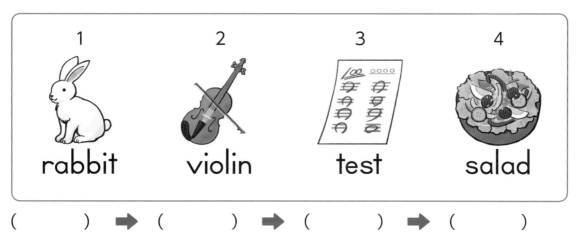

1	2	3	4
rabbit	violin	test	salad

（　　　　）➡（　　　　）➡（　　　　）➡（　　　　）

2 音声を聞いて，①〜③は聞こえた単語と同じ音で始まる単語を，④は聞こえた単語と同じ音で終わる単語を ◯ で囲みましょう。

〈各10点〉

①
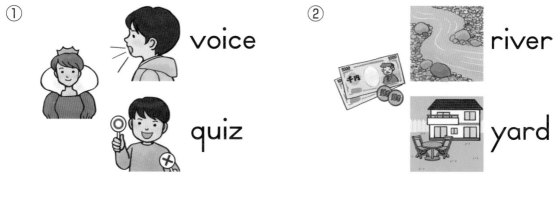

voice

quiz

②

river

yard

③

wood

zoo

④

bus

box

3 音声を聞いて，聞こえた単語を完成させましょう。 〈各5点〉
から選びます。

① s・t

no⬚e

② v・w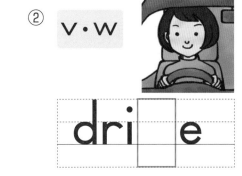

dri⬚e

③ r・w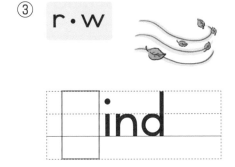

⬚ind

④ y・z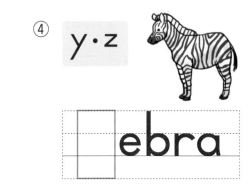

⬚ebra

4 音声を聞いて，聞こえた単語を完成させましょう。
r・u・x・y のどれかから選びます。 〈各5点〉

① ⬚ed

② c⬚te

③ ta⬚i

④ ⬚ear

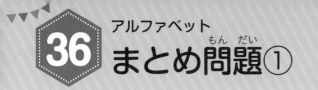

まとめ問題①

月　日　　時　分〜　時　分

name

点

🔊 71

1 音声を聞いて，聞こえた順に，
1・2・3・4を（ ）に書きましょう。

〈各10点〉

① G（　　）・T（　　）・Y（　　）・L（　　）

② Z（　　）・B（　　）・U（　　）・H（　　）

③ J（　　）・V（　　）・C（　　）・M（　　）

2 音声を聞いて，聞こえた順に，
1・2・3・4を（ ）に書きましょう。

🔊

〈各10点〉

① e（　　）・q（　　）・k（　　）・b（　　）

② b（　　）・j（　　）・r（　　）・d（　　）

③ w（　　）・p（　　）・x（　　）・a（　　）

3 次の絵を表す音声を聞いて，
初めの音が同じ単語を選び ◯◯◯ で囲みましょう。
また，音声で聞こえた単語を，大文字と小文字でそれぞれ書きましょう。

〈各20点〉

① 　face 　hand

② 　camera 　book

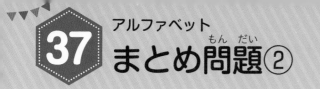

月　日　　時　分〜　時　分

name

点

73

〈各5点〉

1 音声を聞いて，初めの音の小文字を
　　　　から選んで書きましょう。

①

□ire

b・f・h

②

□ard

v・w・y

③

□abbit

k・p・r

④

□alad

h・n・s

2 音声を聞いて，聞こえた単語を完成させましょう。〈各10点〉
　　　　　　から選びます。

g・f・p・b・n・c・e・o

①

☐gg

②

ca☐

③

☐o

④

☐o

⑤

☐range

⑥

☐ag

⑦

☐an

⑧

☐an

38 ローマ字表

1 ローマ字とは，日本語の音をアルファベットで書き表したものです。
1つずつ，声に出して読みましょう。

〈70点〉

あ	a [あ]	i [い]	u [う]	e [え]	o [お]
か	ka [か]	ki [き]	ku [く]	ke [け]	ko [こ]
さ	sa [さ]	*shi [し]	su [す]	se [せ]	so [そ]
た	ta [た]	*chi [ち]	*tsu [つ]	te [て]	to [と]
な	na [な]	ni [に]	nu [ぬ]	ne [ね]	no [の]
は	ha [は]	hi [ひ]	*fu [ふ]	he [へ]	ho [ほ]
ま	ma [ま]	mi [み]	mu [む]	me [め]	mo [も]
や	ya [や]	―	yu [ゆ]	―	yo [よ]
ら	ra [ら]	ri [り]	ru [る]	re [れ]	ro [ろ]
わ	wa [わ]	―	―	―	(o) [を]
	n [ん]				
が	ga [が]	gi [ぎ]	gu [ぐ]	ge [げ]	go [ご]
ざ	za [ざ]	*ji [じ]	zu [ず]	ze [ぜ]	zo [ぞ]
だ	da [だ]	*(ji) [ぢ]	*(zu) [づ]	de [で]	do [ど]
ば	ba [ば]	bi [び]	bu [ぶ]	be [べ]	bo [ぼ]
ぱ	pa [ぱ]	pi [ぴ]	pu [ぷ]	pe [ぺ]	po [ぽ]

* のついたローマ字に注意しましょう。

©くもん出版

2 小さい「ゃ・ゅ・ょ」をふくむ音は, ローマ字では次の表のように表します。
1つずつ, 声に出して読みましょう。
〈30点〉

kya [きゃ]	kyu [きゅ]	kyo [きょ]
sha [しゃ]	shu [しゅ]	sho [しょ]
cha [ちゃ]	chu [ちゅ]	cho [ちょ]
nya [にゃ]	nyu [にゅ]	nyo [にょ]
hya [ひゃ]	hyu [ひゅ]	hyo [ひょ]
mya [みゃ]	myu [みゅ]	myo [みょ]
rya [りゃ]	ryu [りゅ]	ryo [りょ]
gya [ぎゃ]	gyu [ぎゅ]	gyo [ぎょ]
ja [じゃ]	ju [じゅ]	jo [じょ]
ja [ぢゃ]	ju [ぢゅ]	jo [ぢょ]
bya [びゃ]	byu [びゅ]	byo [びょ]
pya [ぴゃ]	pyu [ぴゅ]	pyo [ぴょ]

39 あ・か・さ・た・な行

月　日　時　分〜　時　分

name

点

1 次のローマ字を書きましょう。
（★「し」「ち」「つ」の書き方に注意しましょう。）

〈全部書いて50点〉

あ	い	う	え	お
a	i	u	e	o

か	き	く	け	こ
ka	ki	ku	ke	ko

さ	し	す	せ	そ
sa	shi	su	se	so

た	ち	つ	て	と
ta	chi	tsu	te	to

©くもん出版

な	に	ぬ	ね	の
na	ni	nu	ne	no

2 次のローマ字を書きましょう。

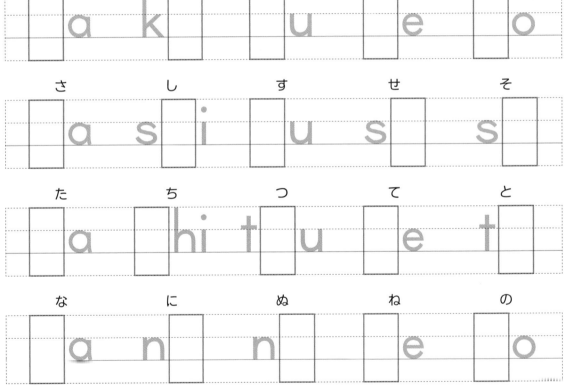

あ	い	う	え	お
	i		e	

か	き	く	け	こ
a	k	u	e	o

さ	し	す	せ	そ
a	s i	u	s	s

た	ち	つ	て	と
a	hi	t u	e	t

な	に	ぬ	ね	の
a	n	n	e	o

★ 小学校の国語では,「し」「ち」「つ」は次のように習うよ。
[し] si / [ち] ti / [つ] tu

は・ま・や・ら・わ行

① 次のローマ字を書きましょう。
（★「ふ」の書き方に注意しましょう。）

〈全部書いて50点〉

は	ひ	ふ	へ	ほ
ha	hi	fu	he	ho

ま	み	む	め	も
ma	mi	mu	me	mo

や	―	ゆ	―	よ
ya		yu		yo

ら	り	る	れ	ろ
ra	ri	ru	re	ro

わ	を	ん
wa	o	n

2 次のローマ字を書きましょう。

〈全部書いて50点〉

は	ひ	ふ	へ	ほ
a	h	u	e	h

ま	み	む	め	も
a	i	m	m	o

や	―	ゆ	―	よ
a		y		o

ら	り	る	れ	ろ
r	i	u	r	r

わ	を	ん
a	o	

 ★ 小学校の国語では，「ふ」は hu と習うよ。

月 日　時 分〜 時 分

name

点

1 次のローマ字を書きましょう。
（★「じ」「ぢ」「づ」の書き方に注意しましょう。）

〈全部書いて50点〉

が	ぎ	ぐ	げ	ご
ga	gi	gu	ge	go

ざ	じ	ず	ぜ	ぞ
za	ji	zu	ze	zo

だ	ぢ	づ	で	ど
da	ji	zu	de	do

ば	び	ぶ	べ	ぼ
ba	bi	bu	be	bo

©くもん出版

ぱ	ぴ	ぷ	ぺ	ぽ
pa	pi	pu	pe	po

2 次<small>つぎ</small>のローマ字<small>じ</small>を書<small>か</small>きましょう。

〈全部<small>ぜんぶ</small>書<small>か</small>いて50点<small>てん</small>〉

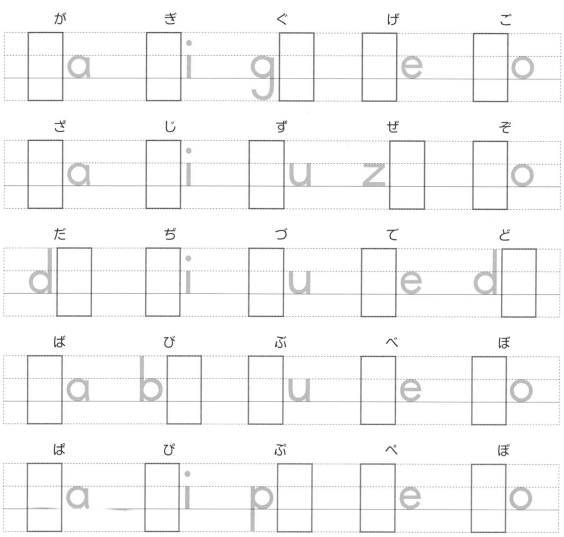

が	ぎ	ぐ	げ	ご
a	i	g u	e	o

ざ	じ	ず	ぜ	ぞ
a	i	u	z	o

だ	ぢ	づ	て	ど
d	i	u	e	d

ば	び	ぶ	べ	ぼ
a	b	u	e	o

ぱ	ぴ	ぷ	ぺ	ぽ
a	i	p	e	o

★ 小学校<small>しょうがっこう</small>の国語<small>こくご</small>では，「じ」「ぢ」は zi と習<small>なら</small>うよ。

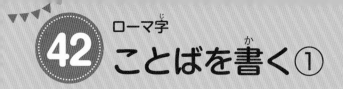

42 ことばを書く①

1 次のローマ字を書きましょう。　　　　　〈全部書いて50点〉

① あめ

ame

② かめ

kame

③ えき (駅)

eki

④ せき

seki

⑤ いし (石)

ishi

⑥ すし

sushi

2 次のローマ字を書きましょう。

① かじ (火事)

kaji

② かぜ (風)

kaze

③ ふで (筆)

fude

④ たまご

tamago

⑤ いちご

ichigo

⑥ ねずみ

nezumi

43 きゃ・しゃ・ちゃ・にゃ

月　日　　時　分～　時　分
name
点

1 次のローマ字を書きましょう。 〈全部書いて50点〉

きゃ	きゅ	きょ
kya	kyu	kyo

しゃ	しゅ	しょ
sha	shu	sho

ちゃ	ちゅ	ちょ
cha	chu	cho

にゃ	にゅ	にょ
nya	nyu	nyo

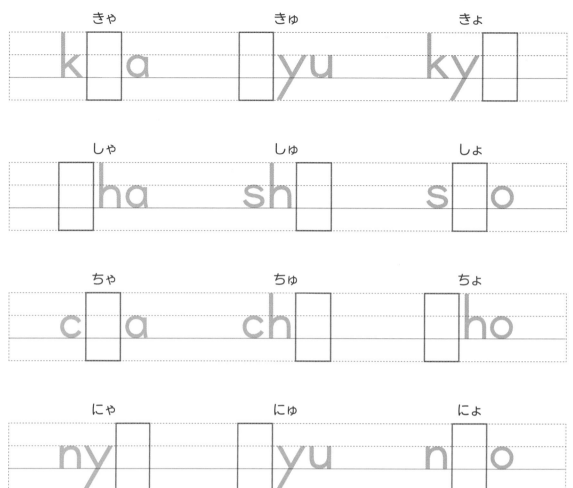

きゃ　　　　きゅ　　　　きょ

k□a　　　□yu　　　ky□

しゃ　　　　しゅ　　　　しょ

□ha　　　sh□　　　s□o

ちゃ　　　　ちゅ　　　　ちょ

c□a　　　ch□　　　□ho

にゃ　　　　にゅ　　　　にょ

ny□　　　□yu　　　n□o

★ 小さな「ゃ・ゅ・ょ」は「□ya」「□yu」「□yo」で表すものが多いよ。ただし，yを使わない「しゃ・しゅ・しょ」「ちゃ・ちゅ・ちょ」に気をつけよう。

44 ひゃ・みゃ・りゃ・ぎゃ

1 次のローマ字を書きましょう。 〈全部書いて50点〉

ひゃ	ひゅ	ひょ
hya	hyu	hyo

みゃ	みゅ	みょ
mya	myu	myo

りゃ	りゅ	りょ
rya	ryu	ryo

ぎゃ	ぎゅ	ぎょ
gya	gyu	gyo

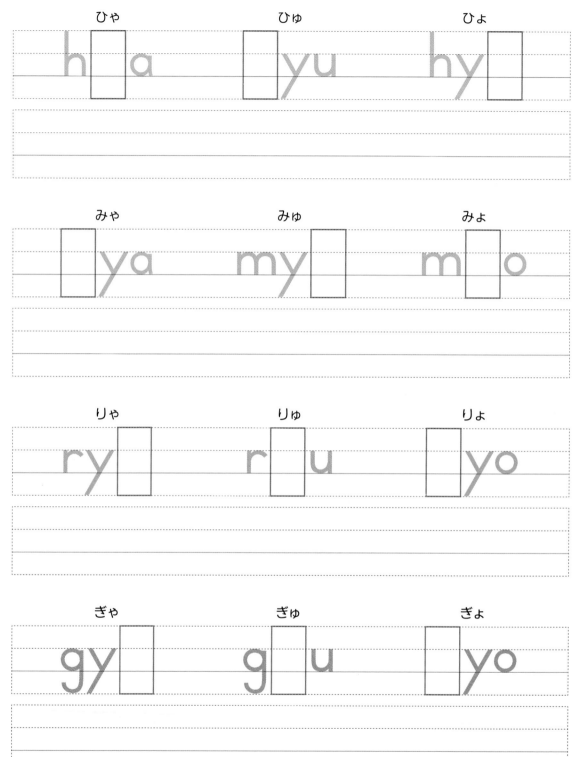

ひゃ　　　　　ひゅ　　　　　ひょ
h□a　　　□yu　　　hy□

みゃ　　　　　みゅ　　　　　みょ
□ya　　　my□　　　m□o

りゃ　　　　　りゅ　　　　　りょ
ry□　　　r□u　　　□yo

ぎゃ　　　　　ぎゅ　　　　　ぎょ
gy□　　　g□u　　　□yo

じゃ・びゃ・ぴゃ

1 次のローマ字を書きましょう。

〈全部書いて50点〉

じゃ	じゅ	じょ

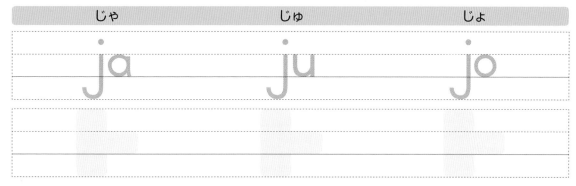

びゃ	びゅ	びょ

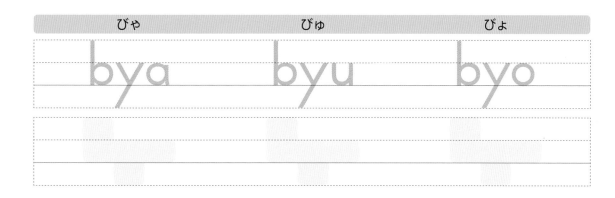

ぴゃ	ぴゅ	ぴょ

©くもん出版

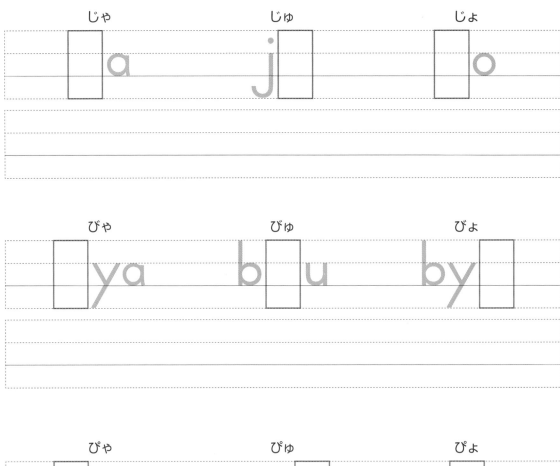

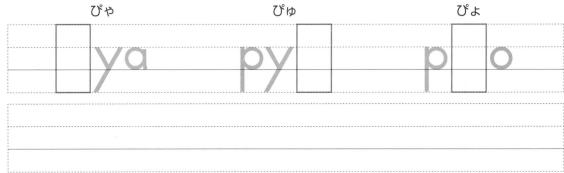

2 次のローマ字を書きましょう。

じゃ a　　　じゅ j　　　じょ o

びゃ ya　　びゅ b u　　びょ by

ぴゃ ya　　ぴゅ py　　ぴょ p o

月　日　　時　分〜　時　分

name

点

1 次のローマ字を，最初になぞり，そのあと書いてみましょう。〈全部書いて50点〉

① きゃく（客）

kyaku

② ひゃく（百）

hyaku

③ りょかん（旅館）

ryokan

④ いしゃ（医者）

isha

⑤ かぼちゃ

kabocha

⑥ きんぎょ（金魚）

kingyo

©くもん出版

次のローマ字を，最初になぞり，そのあと書いてみましょう。〈全部書いて50点〉

① キャベツ

kyabetsu

② りょくちゃ（緑茶）

ryokucha

③ じしゃく（磁石）

jishaku

④ でんしゃ（電車）

densha

⑤ こんにゃく

konnyaku

⑥ しゅりけん（手裏剣）

shuriken

つまる音，のばす音，大文字

月　日　　時　分〜　時　分

name

点

1 次のローマ字を，最初になぞり，そのあと書いてみましょう。〈全部書いて50点〉

① ねこ

neko

② ねっこ（根っこ）

nekko

③ きって（切手）

kitte

④ おばさん

obāsan

⑤ おばあさん

obāsan

⑥ ひこうき（飛行機）

hikōki

★ つまる音（小さな「っ」）を表すときは，すぐ後にくる文字を重ねます。
★ のばす音を表すときは，a，i，u，e，oの上に ￣ をつけます。
★ ￣ のかわりに ^ を使うこともあります。（例：hikôki）

2 次のローマ字を，最初になぞり，そのあと書いてみましょう。〈全部書いて50点〉

① がっこう（学校）

gakkō

② やきゅう（野球）

yakyū

③ きょうと（京都）

Kyōto

④ なら（奈良）

NARA

⑤ いとうゆか

Itō-Yuka

⑥ みえけん（三重県）

Mie-ken

★ 人の名前や地名などは，大文字で始めます。
★ 地名などは，全部大文字で書くこともあります。
★ Itō-Yuka や Mie-ken の「-」は "つなぎ" の印です。

月　日　　時　分〜　時　分

name

点

1 次のローマ字が表すものを見つけて，線で結びましょう。　　〈各8点〉

① **shiroi** •

• スパイ

② **hiroi** •

• なす

③ **natsu** •

• 白い

④ **nasu** •

• すっぱい

⑤ **supai** •

• 広い

⑥ **suppai** •

• 夏

©くもん出版

〈①〜④各8点，⑤・⑥各10点〉

① jiken ● ● 人形

② jikken ● ● 海

③ ume ● ● 事件

④ umi ● ● 梅

⑤ ningyo ● ● 実験

⑥ ningyō ● ● 人魚

49 ことばをつくる

月　日	時　分〜　時　分
name	
	点

1 次のローマ字を完成させ，そのあと書いてみましょう。　〈各8点〉

① はね（羽）

h　n

② まめ（豆）

m　me

③ ひょうし（表紙）

yōshi

④ りょうし（漁師）

yōshi

⑤ しっぽ

shi　o

⑥ コップ

ko　u

〈①～④各8点，⑤・⑥各10点〉

① ぎんこう（銀行）

gi□k□

② こんにゃく

kon□□aku

③ じゅぎょう（授業）

jug□□

④ きゅうしゅう（九州）

K□□s□ū

⑤ きょうりゅう

ky□r□□

⑥ ぎゅうにゅう（牛乳）

gy□n□□

月　日　　時　分〜　時　分

name

点

1 （　）の中のアルファベットをならべかえて，
ローマ字を作りましょう。

〈各7点〉

① うさぎ

(s, g, u, i, a)

② ふとん

(o, f, n, t, u)

③ すし

(u, h, i, s, s)

④ にんじゃ（忍者）

(n, n, a, i, j)

⑤ とちぎ（栃木）

(g, o, h, i, i, c, T)

⑥ おおみそか

(k, ō, i, s, m, o, a)

（　）の中のアルファベットをならべかえて，
ローマ字を作りましょう。

〈①～⑥各8点，⑦10点〉

① はなみ（花見）

(m, a, i, h, n, a)

② きもの（着物）

(m, i, k, o, o, n)

③ おりがみ（折り紙）

(g, o, a, r, m, i, i)

④ からて（空手）

(t, a, e, r, k, a)

⑤ まつり（祭り）

(s, i, m, u, t, a, r)

⑥ あんぱん

(p, n, a, a, n)

⑦ ほっかいどう（北海道）

(k, i, d, o, ō, H, a, k)

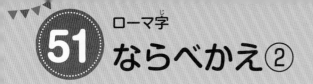

月 日　時　分〜　時　分

name

点

1 （　）の中のアルファベットをならべかえて，
２つのローマ字を作りましょう。

〈各8点〉

(a,i,k,h,s)

① しか

② きしゃ (汽車)

(k,i,u,a,r)

③ いるか

④ いくら

(s,a,h,i)

⑤ あし (足)

⑥ いしゃ (医者)

（　）の中のアルファベットをならべかえて，
2つのローマ字を作りましょう。

〈①〜④各8点，⑤・⑥各10点〉

(a,o,k,m)

① こま

② かも

(k,m,e,a,a,d)

③ めだか

④ けだま（毛玉）

(s,n,u,a,t)

⑤ なつ（夏）

⑥ たんす

月　日　　時　分～　時　分
name
点

1 次のことばをローマ字で書いてみましょう。　　　〈各6点〉

①
空手

②
たたみ

③
すし

④
着物

⑤
もち

⑥
花見

⑦
温泉

⑧
すきやき

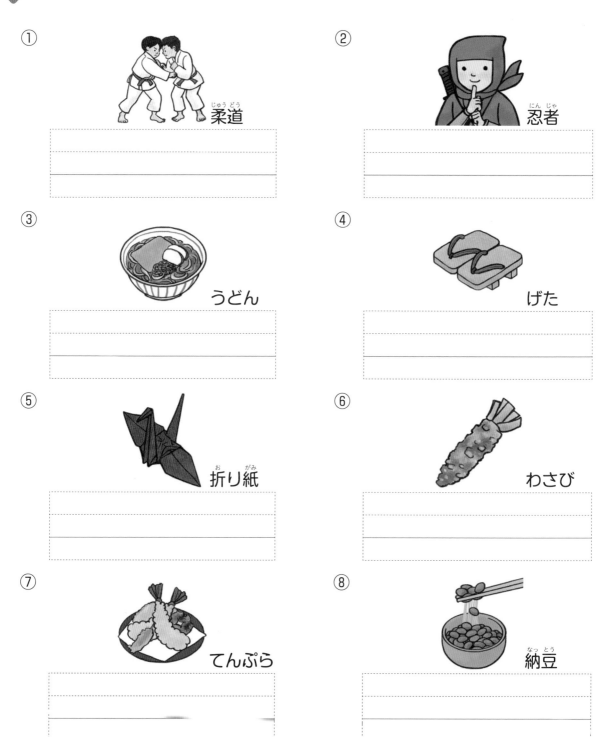

① 柔道

② 忍者

③ うどん

④ げた

⑤ 折り紙

⑥ わさび

⑦ てんぷら

⑧ 納豆

★ tempura（てんぷら）/ samma（さんま）
「ん」の音の後に「ぱ行」「ば行」「ま行」がくるときは，
「ん」を表すのに n ではなく m を使うこともあります。

53 まとめ問題② 名前や地名

月 日	時 分〜 時 分
name	点

1 例にならって，自分の名前をローマ字で書いてみましょう。 〈全部書いて40点〉

（例） 〈名字〉 （　　たけだ　　） Takeda

〈下の名前〉 （　　ゆうと　　） Yūto

〈氏名〉 （　　たけだゆうと　　） Takeda-Yūto

★ 名字と名前の間の「‐」は"つなぎ"の印だよ。

〈名字〉 （　　　　　　　）

〈下の名前〉 （　　　　　　　）

〈氏名〉 （　　　　　　　）

2 家族や友達の名前をローマ字で書いてみましょう。 〈20点〉

3 例にならって，自分が住んでいる都道府県名をローマ字で書いてみましょう。

〈20点〉

(例)　〈住んでいるところ〉　(　　かながわ　　)　Kanagawa

〈住んでいるところ〉　(　　　　　　　　)

4 行ってみたい都道府県名をローマ字で書いてみましょう。

〈20点〉

①	Nagoya (名古屋) Mori-Rie (森理恵)	人の名前や地名などは，大文字で始めます。地名などは，すべて大文字で書くこともあります。
②	Kippei (きっぺい) Tottori (鳥取)	つまる音 (小さな「っ」) は，後ろにくる文字を重ねて表します。
③	Ryuta (りゅうた) Sato (さとう)	のばす音を表すときは，a, i, u, e, o の上に ˉ をつけます。ˉ のかわりに ˆ を使うこともあります。地名や名前の場合，のばす音に何もつけないことも多いようです。
●	Oda-Shin'ichi (小田真一)	「ん」と読む n の次に a, i, u, e, o, y がくるときは，「n'」と書くことがあります。こうすると，左の例では「しにち」と読まずに，「しんいち」と読むことがはっきりします。なお，Shinichi と書いてもまちがいではありません。

答え

① P.2 アルファベット表 / A・B・C・D

③ A（4）・B（2）・C（1）・D（3）

② P.3-4 E・F・G・H / I・J・K・L

② E（1）・F（4）・G（3）・H（2）

④ I（2）・J（3）・K（4）・L（1）

③ P.5-6 M・N・O・P / Q・R・S・T

② M（3）・N（1）・O（4）・P（2）

④ Q（4）・R（2）・S（3）・T（1）

④ P.7-8 U・V・W / X・Y・Z

② U（1）・V（3）・W（2）

④ X（2）・Y（1）・Z（3）

⑥ P.11-12 かくにん問題

① 線でつなぐと，次のような絵ができあがります。

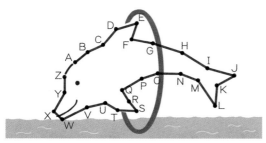

▶ ポイント
声に出して言いながら取り組むとよいてしょう。

② （CADB）→ ABCD
（MPON）→ MNOP
（YWZVX）→ VWXYZ

③ (1) I　(2) B　(3) M　(4) D
(5) K　(6) N　(7) H　(8) Q

④ 線でつなぐと，次のような絵ができあがります。

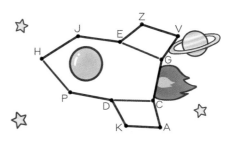

▶ ポイント
音声は「H→J→E→Z→V→G→C→A→K→D→P」の順です。

⑦ P.14 アルファベット表 / a・b・c・d

③ a（1）・b（3）・c（4）・d（2）

⑧ P.15-16 e・f・g・h / i・j・k・l

② e（2）・f（1）・g（3）・h（4）

④ i（3）・j（2）・k（4）・l（1）

⑨ P.17-18 m・n・o・p / q・r・s・t

② m（4）・n（2）・o（1）・p（3）

④ q（3）・r（2）・s（1）・t（4）

107　　　　　　　　　　　　　　　　©くもん出版

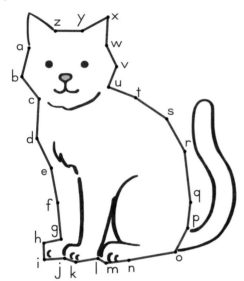

10　P.19-20　u・v・w／x・y・z

2 u（3）・v（2）・w（1）

4 x（2）・y（3）・z（1）

12　P.23-24　かくにん問題

1 線でつなぐと，次のような絵ができあがります。

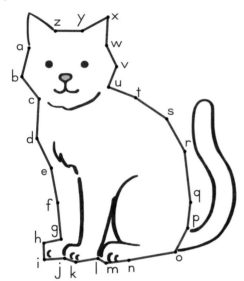

2 （ghef）→ efgh
（porq）→ opqr
（xwzy）→ wxyz

3 （1）s　（2）y　（3）e　（4）a
（5）r　（6）j　（7）l　（8）v

4 線でつなぐと，次のような絵ができあがります。

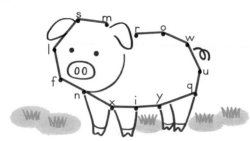

▶ **ポイント**
音声は「m→s→l→f→n→x→i→y→q→u→w→o→r」の順です。

17　P.34　大文字と小文字の一致①

2 （1）

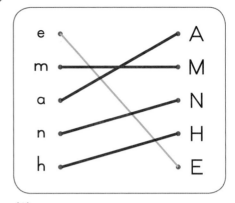

（2）

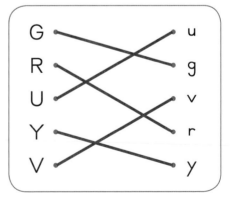

▶ **ポイント**
大文字と小文字の形がにているものとにていないものがあるね。B-b，D-d などはまちがえやすいので気をつけよう。

18　P.36　大文字と小文字の一致②

2 （1）

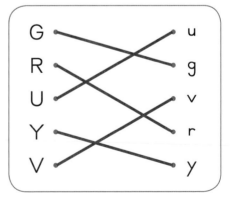

(2)

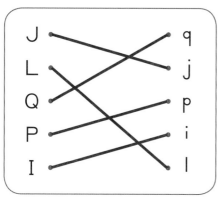

1 2 ➡ 3 ➡ 1 ➡ 4

2 ① dog ② ant ③ face ④ baker

▶ポイント
音声は① dance ② actor ③ fan ④ bed です。

3 ① bed ② head
③ coin ④ game

4 ① apron ② bad
③ hand ④ beef

---

19 P.37-38 まとめ問題

1 線でつなぐと，次のような絵ができあがります。

2 ① wpfo ② symx ③ ing jb

3 ① KVTC ② UZAH ③ DLQER

▶ポイント
Q-q, R-r などはまちがえやすいので気をつけよう。

---

29 P.57-58 かくにん問題 (i-p)

1 1 ➡ 2 ➡ 4 ➡ 3

2 ① jet ② milk ③ koala ④ no

▶ポイント
音声は① jam ② melon ③ key ④ net です。

3 ① jam ② book
③ letter ④ hot

4 ① juice ② can
③ map ④ cap

---

35 P.69-70 かくにん問題 (q-z)

1 1 ➡ 4 ➡ 3 ➡ 2

2 ① quiz ② yard ③ wood ④ box

▶ポイント
音声は① queen ② yen ③ web ④ fox です。

3 ① nose ② drive
③ wind ④ zebra

4 ① red ② cute
③ taxi ④ year

36 P.71-72 まとめ問題①

1
① G 3・T 1・Y 4・L 2
② Z 2・B 3・U 1・H 4
③ J 1・V 4・C 3・M 2

2
① e 2・q 1・k 4・b 3
② b 4・j 2・r 3・d 1
③ w 1・p 4・x 3・a 2

3
① face　(hand)
　聞こえた単語：HEAD, head
② camera　(book)
　聞こえた単語：BED, bed

37 P.73-74 まとめ問題②

1
① fire　② yard
③ rabbit　④ salad

2
① egg　② cap
③ go　④ no
⑤ orange　⑥ bag
⑦ can　⑧ fan

39 P.78 あ・か・さ・た・な行

2
a　i　u　e　o
ka　ki　ku　ke　ko
sa　shi　su　se　so
ta　chi　tsu　te　to
na　ni　nu　ne　no

40 P.80 は・ま・や・ら・わ行

2
ha　hi　fu　he　ho
ma　mi　mu　me　mo
ya　　yu　　yo
ra　ri　ru　re　ro
wa　　o　　n

41 P.82 が・ざ・だ・ば・ぱ行

2
ga　gi　gu　ge　go
za　ji　zu　ze　zo
da　ji　zu　de　do
ba　bi　bu　be　bo
pa　pi　pu　pe　po

43 P.86 きゃ・しゃ・ちゃ・にゃ

2
kya　kyu　kyo
sha　shu　sho
cha　chu　cho
nya　nyu　nyo

44 P.88 ひゃ・みゃ・りゃ・ぎゃ

2
hya　hyu　hyo
mya　myu　myo
rya　ryu　ryo
gya　gyu　gyo

45 P.90 じゃ・びゃ・ぴゃ

2
ja　ju　jo
bya　byu　byo
pya　pyu　pyo

48 P.95-96 ことばつなぎ

1
① shiroi　　　　スパイ
② hiroi　　　　なす
③ natsu　　　　白い
④ nasu　　　　すっぱい
⑤ supai　　　　広い
⑥ suppai　　　　夏

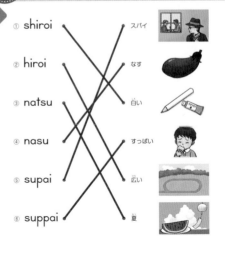

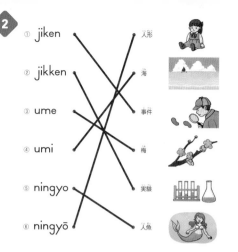

2

① jiken ── 事件
② jikken ── 実験
③ ume ── 梅
④ umi ── 海
⑤ ningyo ── 人形
⑥ ningyō ── 人魚

---

49 P.97-98 **ことばをつくる**

1
① hane ② mame
③ hyōshi ④ ryōshi
⑤ shippo ⑥ koppu

▶ **ポイント**
つまる音⑤ shippo ⑥ koppu のつづりに注意しよう。

2
① ginkō ② konnyaku
③ jugyō ④ Kyūshū
⑤ kyōryū ⑥ gyūnyū

▶ **ポイント**
のばす音の書き方に注意しよう。

---

50 P.99-100 **ならべかえ①**

1
① usagi ② futon
③ sushi ④ ninja
⑤ Tochigi ⑥ ōmisoka

2
① hanami ② kimono
③ origami ④ karate
⑤ matsuri ⑥ anpan
⑦ Hokkaidō

▶ **ポイント**
つまる音，のばす音のルールはおぼえているかな。
北海道のさいしょの文字は大文字だよ。

---

51 P.101-102 **ならべかえ②**

1
① shika ② kisha
③ iruka ④ ikura
⑤ ashi ⑥ isha

▶ **ポイント**
「し」は si てはなく shi と書くので注意しよう。

2
① koma ② kamo
③ medaka ④ kedama
⑤ natsu ⑥ tansu

▶ **ポイント**
「つ」は tu てはなく tsu と書くので注意しよう。

---

52 P.103-104 **まとめ問題①**

1
① karate ② tatami
③ sushi ④ kimono
⑤ mochi ⑥ hanami
⑦ onsen ⑧ sukiyaki

2
① jūdō ② ninja
③ udon ④ geta
⑤ origami ⑥ wasabi
⑦ tenpura[tempura]
⑧ nattō

▶ **ポイント**
jūdō や nattō など，のばす音の書き方に注意しよう。

---

53 P.105-106 **まとめ問題②**

1 〔解答例〕
〈名字〉（わたなべ）Watanabe
〈下の名前〉（ゆみ）Yumi
〈氏名〉（わたなべゆみ）Watanabe-Yumi

2 〔解答例〕 Shindō-Takuya

3 〔解答例〕
〈住んでいるところ〉（きょうと）Kyōto

4 〔解答例〕 Hokkaidō

▶ **ポイント**
人の名前や地名は，必ず大文字で書き始めるよ。